CB140674

Marina Jerusalinsky

# ADJETIVO FEMININO

## Dicionário de Experiências

3a edição

BbB
Bebel Books

© Marina Jerusalinsky, 2021

**Editora**
Bebel Abreu | Bebel Books
bebelbooks.com.br

**Projeto gráfico e revisão**
Marina Jerusalinsky

Dados Internacionais de Catalogação na Publicação (CIP)

J56a Jerusalinsky, Marina
Adjetivo feminino : dicionário de experiências / Marina Jerusalinsky. - 3. ed. - São Paulo: Bebel Books, 2023.
93 p. : il. ; 10 x 15 cm.

ISBN 978-65-00-85371-1

1. Arte. 2. Mulher e sociedade. 3. Literatura brasileira. 4. Relatos pessoais. I. Título.

CDU 869.0(81)-94-055.2 CDD 869.9803

Bibliotecária responsável: Bruna Heller - CRB 10/2348

Índice para catálogo sistemático:

CDU
1. Literatura em português 869.0 | 2. Brasil (81) | 3. Gênero literário: relatos pessoais -94 | 4. Mulheres -055.2

CDD
1. Experiência feminina: Literatura brasileira 869.9803

*Às bravas mulheres*

# APRESENTAÇÃO

Este trabalho começou com o seguinte convite, feito a mulheres que vivem ou viveram no Brasil:

"Tenho pensado sobre o quanto nós, mulheres, somos adjetivadas: nas relações, no trabalho, andando na rua... Palavras que nos colocam em categorias, que qualificam e desqualificam, muitas vezes usadas fora de lugar. Por isso, quero saber: quais foram os adjetivos que te marcaram? Se quiser participar, me mande a palavra e o contexto em que ela lhe foi dita (por quem, onde, quando...). Esses adjetivos vão compor um pequeno dicionário e também livro de artista, chamado *Adjetivo Feminino*."

Quarenta e uma mulheres participaram. Foi a partir de seus relatos que criei os verbetes aqui presentes, acrescentando a eles as minhas próprias experiências – e um bocado de ironia.

## Participantes

Ana Clara Ferreira
Anne Cartault
Bea Barros
Bruna Gabriele Gomes
Clara Jerusalinsky
Cláudia Vicari Zanatta
Daniela Paoliello
Denise Ramiro
Eda Estevanell Tavares
Fábia Karklin
Fabrizia Marini
Fernanda Isola
Flávia Scalon Fogliato
Giovanna S. R. Fiorentini
Isadora Goulart
Janaina Franca
Joana Ludwig
Lola Pereira
Luienne Lucena
Maíra
Marcia Crespo
Marie Araujo
Marina Costa
Marsala Machado
Naiara Laila
Paula Britto Agliardi
Raquel Nobre dos Reis
Silvana Gorab
Thaís Oliveira
Virginia de Medeiros

Outras preferiram permanecer anônimas.

# SUMÁRIO

## II. ESPAÇOS PÚBLICOS E COMERCIAIS

# I. AMBIENTE DE TRABALHO

# Au.to.ri.tá.ria

1. Dito de pessoa em cargo de chefia que se apoia na autoridade, na prerrogativa e no poder de comandar, porém possui o defeito de não ser do gênero masculino.
2. Mulher que impõe respeito e obediência por sua postura ou expressão enérgica, impositiva, gerando pânico e desespero entre defensores dos padrões normativos de gênero.
3. Também conhecida como "braba" ou "mandona".

# Be.la bé.li.ca

1. Mulher simultaneamente bonita e braba, ficando indeterminado se é "bonita, porém braba", então sua principal qualidade – ser bonita – fica obscurecida por esse grave defeito, ou se é "braba, porém bonita", então suas falhas podem ser perdoadas em prol do que é realmente importante – sua beleza.
2. Termo para designar de modo apropriado a funcionária de uma empresa.

# Bo.ni.ta

1. Mulher que é agradável ou aprazível ao sentido da visão, por apresentar harmonia de elementos quanto à forma, aspecto, traços, feições etc., com o qual, segundo a lógica, fica isenta da necessidade de esforçar-se para obter reconhecimento profissional.
2. Característica que, segundo a mesma lógica, substitui as habilidades necessárias em mulheres não bonitas para a realização de um bom trabalho.
3. Também poderia dizer-se de mulheres que são do agrado de quem vê, sem que isso tenha relação absolutamente nenhuma com a capacidade de trabalhar, mas isso seria pedir demais.

# Bra.ba

1. Característica de mulheres que sofrem com Tensão Pré-Menstrual (TPM), estado que pode ser detectado, por homens que possuem essa habilidade excepcional, diversas vezes por mês na mesma mulher.

2. Pessoa do gênero feminino com disposição para defender seu ponto de vista ou manifestar incômodo de maneira veemente.

3. Mulher que, se fosse homem, seria valente e destemido.

4. Ver também: "durona".

# Chei.a de o.pi.ni.ões

1. Pessoa do gênero feminino que é repleta de ideias, teorias, maneiras próprias de pensar, ver ou julgar, excedendo o apropriado para a capacidade de compreensão masculina.
2. Que manifesta com frequência seus pontos de vista, indo contra as boas maneiras esperadas de uma mulher, que deve ser compreensiva com a necessidade de preservação do patriarcado.

# Du.ro.na

1. Que tem a ousadia de ser forte, exigente ou firme perante seus superiores de trabalho.
2. Comportamento exótico observado em algumas mulheres, indo contra sua natureza doce, carinhosa, deferente, bondosa e sensível, permanecendo até o momento inexplicado por cientistas que o estudam em várias partes do mundo.

# Fo.fa

1. Que é encantadora, graciosa, “meiga” (ver entrada).
2. Termo utilizado por indivíduos com grave distúrbio, que consiste em, ao assistir a seminários, conferências, palestras ou similares, independentemente do tema abordado, considerar que a questão mais relevante é a fofura da oradora.

# Fra.ca

1. Característica normalmente pressuposta em pessoas que têm como órgão sexual a vagina, já que, biologicamente, sua presença no corpo indica fragilidade, pouca resistência, inferioridade ou força insuficiente.

2. Denota a incapacidade feminina de realizar procedimentos que envolvam uso de força física, como, por exemplo, uma extração dentária, independentemente do número de anos de estudo e experiência que possuem na área em questão.

3. Pessoa sem determinação, isto é, que não acredita na ideia obtusa de que colegas de trabalho são oponentes e para ter sucesso é preciso vencê-los.

# Fra.qui.nha

1. Termo que associa o adjetivo “fraca” à meiguice própria das mulheres, por meio do diminutivo.
2. Ver também: “incapaz”.

# In.ca.paz

1. Fenômeno que, no âmbito acadêmico ou profissional, misteriosamente é percebido com mais frequência em pessoas do gênero feminino.
2. Comum: mulher que não tem capacidade, competência; inábil; ignorante.
3. Omitido: mulher que se sente impossibilitada, impedida, sem capacidade, geralmente por ouvir constantemente o termo no seu significado mais comum.

# In.su.bor.di.na.da

1. Mulher que contraria as leis do patriarcado, sendo desobediente, indócil ou independente.
2. Diz-se também daquela em posição subalterna que contraria as leis do trabalho, tendo pensamentos próprios.
3. Pessoa com consciência o suficiente para jamais ter que usar a desculpa "eu estava apenas seguindo ordens".

# Ir.res.pon.sá.vel

1. Que age de maneira leviana, sem seriedade.
2. Mulher cuja profissão é ligada às artes, o que, logicamente, não pode ser levado a sério.
3. Que não pode ser incumbida, encarregada de tarefa ou projeto de grande importância, já que sempre há um homem mais competente para isso.

# Ma.cho.na

1. Diz-se de mulher atingida por anomalia muito comum entre mecânicas, motoristas de caminhão, eletricistas, barbeiras, trabalhadoras da construção civil, das Forças Armadas ou do Corpo de Bombeiros, que consiste no desenvolvimento repentino de pênis.
2. Mulher extremamente orgulhosa de sua masculinidade e virilidade.

# Man.do.na

1. Sinônimo de "autoritária", com menos formalidade.
2. Versão feminina do "espírito de liderança" de homens que possuem exatamente o mesmo comportamento.

# Mas.cu.li.na

1. Mulher que entende que características ditas femininas são desvalorizadas em seu ambiente de trabalho, e que características ditas masculinas são valorizadas, mas só quando percebidas em homens, o que a deixa com o complexo problema de ser uma mulher.
2. Pessoa insensível, que não leva em conta a preocupação dos outros em manter a ordem do universo, dividida entre a feminilidade das mulheres e a masculinidade dos homens, sem a qual estaríamos em pleno caos.

# Me.ni.na

1. Forma familiar de tratar uma mulher com a qual não se tem nenhuma familiaridade, em momentos e ambientes descontraídos ou informais, tais como audiências públicas e reuniões de trabalho.
2. Mulher adulta infantilizada para não ferir o frágil ego masculino.

# Me.ni.ni.nha

1. Termo para designar moça considerada ignorante, usado por ignorantes que creem que ser mulher e jovem é contraditório com ser inteligente.
2. Diminutivo de "menina" que revela egos ainda mais frágeis.

# No.vi.nha

1. Mulher jovem demais para entender de política, porém com idade suficiente para trabalhar entre homens que entendem de política.
2. Sinônimo de "menina" e "menininha".

# Ra.di.cal

1. Feminista intransigente; que defende posições extremistas, como o direito a ganhar o mesmo salário que homens na mesma função.
2. Mulher chata, que não deixa passar atitudes ou frases totalmente inofensivas, como uma cantada em ambiente de trabalho.
3. Que busca a raiz, a origem de um problema, recusando-se a seguir o caminho correto para a felicidade (dos outros): a resignação.

# II. ESPAÇOS PÚBLICOS E COMERCIAIS

# An.jo

1. Ser espiritual feminino que, segundo algumas religiões, adentra lojas e restaurantes pelo mundo apenas para se alimentar ou fazer compras, sem que até hoje se conheçam seus propósitos divinos.

2. Vocábulo utilizado por pessoas às quais foi concedido o dom de identificar a bondade de uma mulher alguns segundos após deparar-se com ela.

# Fe.mi.nis.ta

1. Mulher que não gosta de ser bonita, nem de ouvir elogios; que ao invés de reclamar deveria ficar lisonjeada quando um total desconhecido deixa claro, através de gritos, sons onomatopeicos ou olhares, que gostaria de ter relações sexuais com ela.
2. Ver também: “anormal”, “cheia de opiniões”, “excessiva”, “independente demais”, “louca”, “radical”, “vitimista”.

# Ga.ti.nha

1. Mulher desconhecida sobre a qual se fantasia, consciente ou inconscientemente, domesticação e/ou propriedade análogas às que se pode ter de certos felinos.
2. Palavra com significado semelhante a "linda", diferenciando-se por pequeno acréscimo de descabimento.

# Gos.to.sa

1. Pedaço de carne com curvas acentuadas que, ninguém sabe bem como, consegue transitar pela cidade.
2. Mulher sexualmente apetecível que involuntariamente atrai machos com capacidade de fala rudimentar.

# Lin.da

1. Nome dado às clientes de determinados estabelecimentos comerciais quando, repentinamente, deixam de ser clientes e passam a ser objetos de admiração estética.
2. Característica usada como justificativa para comportamentos masculinos injustificáveis.

# Mo.re.na

1. Derivação de "gostosa" que indica predileção do locutor por traços específicos em seu objeto de apreciação, como pele bronzeada ou cabelos pretos.
2. Denominação conferida a mulheres negras por indivíduos sem preconceitos, que não veem problema algum em que sejam negras, mas que não falam "negra" porque afinal essa palavra não pode querer dizer algo bom.

# Prin.ce.sa

1. Filha de rei, imperador ou príncipe, que, no Brasil, se disfarça de mulher comum para realizar atividades cotidianas, mas é frequentemente descoberta por astuciosos transeuntes ou atendentes do comércio local.

2. Moça que supostamente seria tratada com todas as regalias, mas na prática só recebe um apelido despropositado.

# Pros.ti.tu.ta

1. Mulher ou adolescente brasileira que caminha pela beira da praia, sendo vista por turistas.
2. Mulher negra que se detém na calçada para fumar um cigarro.
3. Termo que comumente se refere a profissionais do sexo, mas serve igualmente à crença alucinatória masculina de que toda mulher está à sua disposição.

# Va.ga.bun.da

1. Licenciosa, que dá licença para que a assediem, já que comete atos obscenos, como ir a festas ou andar pela rua à noite.
2. Mulher que usa roupas para provocar os homens à sua volta, mostrando em demasia partes do corpo capazes de despertar o desejo masculino, como seios, colo, barriga, coxas, bunda, ombros, costas, boca, pés, olhos, nuca, pescoço, panturrilhas ou braços, ou seu contorno.
3. Ver: "fácil", "vazada".

# III. RELAÇÕES PESSOAIS

# A.nor.mal

1. Mulher que participa de organizações ou movimentos sociais e políticos, apresentando parâmetros insatisfatórios de normalidade, pois mulheres normais não se preocupam com questões para além do lar.
2. Que tem problemas mentais, manifestando e insistindo repetitivamente em ideias absurdas, como a liberdade do corpo feminino.
3. Mulher extraordinária.

# Ar.ro.gan.te

1. Que tem a insolência, o atrevimento de defender um ponto de vista oposto ao de um homem.
2. Mulher presunçosa, que se considera melhor ou superior que os demais; que possui falha grave de personalidade, já que a superioridade é uma característica inerentemente masculina.
3. Que, sendo pessoa do gênero feminino, arroga ou atribui a si o abusivo privilégio de manifestar uma opinião.

# Bo.ni.ta de ros.to

1. Locução usada por pessoas bem-intencionadas que, por considerarem o corpo de uma mulher feio, sentem a urgente necessidade de consolá-la, oferecendo-lhe a revelação de que seu rosto é bonito, apesar do resto.
2. Eufemismo de "gorda", usado por pessoas igualmente bem-intencionadas.

# Ca.bri.ta

1. Criança que se recusa a ser uma mulher de respeito e insiste provocativamente em sentar-se com as pernas abertas.
2. Filha desobediente, que não cumpre as ordens irrefutáveis de seu pai para resguardar sua reputação.
3. Antônimo de "direita".

# Cu do.ce

1. Mulher que, por não ter nada melhor para fazer, gasta boa parte de seu tempo e sua energia seduzindo um homem com o único propósito de posteriormente negar suas investidas.
2. Termo usado por homens que não entendem o significado da palavra "não".

# Des.per.dí.cio

1. Mulher que inicia relacionamento ou relações sexuais com outra mulher, deixando de ter proveito para os homens que a desejam.
2. Palavra que encarna a crença mítica de homens heterossexuais sobre seu poder de atração, baseada na fantasia da perda de oportunidade de conquistar uma mulher.
3. Esbanjamento de prazer feminino inalcançável aos homens.

# Di.rei.ta

1. Mulher que se senta com as pernas fechadas, sem atiçar o incontrolável impulso masculino de direcionar o olhar para sua vagina, embora isso não impeça seu direcionamento para os seios.
2. Correta; que segue o exemplo dos homens de bem acatando os bons costumes, como não beber, ser fiel, não mostrar demasiado o corpo, pedir permissão para sair e responsabilizar-se pelas tarefas do lar.
3. Mulher compelida ao recato e à castidade para não ser mal falada.

# Di.re.ta de.mais

1. Mulher que não cumpre os requisitos de boas maneiras femininas, que incluem falar invariavelmente de forma doce e gentil, empregando tom maternal.
2. Que sabe e manifesta o que deseja, gerando em pessoas do sexo masculino incertezas sobre a existência de seu pênis.
3. Aquela que não é "cu doce", mas também desagrada.

# Es.po.sa de

1. Mulher que osmoticamente absorve a personalidade de seu marido, eliminando as características próprias.
2. Acessório necessário a qualquer homem bem-sucedido, servindo para apoiá-lo, atender às suas necessidades e cuidar de sua casa.
3. Pessoa do gênero feminino que trabalha tanto quanto ou mais que o marido, mas é do gênero feminino.

# Es.tres.sa.da

1. Que está permanentemente sob estresse, estado de esgotamento físico ou emocional causado como reação do organismo a certos estímulos, associados, em geral, a um homem que não limpa nem o que ele mesmo suja.
2. Mulher que, além de exercer sua profissão, realiza 70% ou mais das tarefas domésticas, cuida dos filhos e tem sempre em mente o que precisa ser resolvido na vida diária, mas está estressada provavelmente devido à TPM.
3. Também dito de mães que não recebem pensão e de mulheres que trabalham mais de 60h semanais, em múltiplos empregos, trabalhos informais ou autônomos, que vivem em estado de tensão, logicamente, por falta de sexo.

# Ex.ces.si.va

1. Mulher desnecessária; que comete exageros, como pontuar falas e atitudes machistas.
2. Diz-se daquela que, por ser tão desmedida em suas críticas, chega a exceder a gigantesca capacidade de autocrítica masculina.
3. Ver: "feminista" e sinônimos.

# E.xi.bi.da

1. Característica inerente a qualquer pessoa do gênero feminino que frequenta estádios de futebol, pois por obviedade esse tipo de pessoa não possui interesse no esporte.
2. Aquela que ostenta o feito, extraordinário para uma mulher, de memorizar a escalação de um time, com o objetivo de chamar a atenção sobre si.
3. Ver também: "arrogante".

# E.xi.gen.te

1. Mulher que exige de um homem tarefas impossíveis, como pendurar a toalha em seu lugar após o uso.
2. Que apresenta impertinentes necessidades e demandas ao parceiro, como a de ter orgasmos durante o sexo.

# Fá.cil

1. Mulher promíscua, que não serve para casamento porque gosta muito de sexo, o que constituiria problema grave em uma relação conjugal.
2. Aquela que, após ter relações sexuais com um homem, comete o ultraje de não demonstrar mais interesse por ele.
3. Que inflige ao homem o cruel sentimento de ser igual a qualquer outro mortal, ao invés de reconhecer que ele deve ser seleto, único e especial.

# Fol.ga.da

1. Diz-se de mulher abusada, que só pensa na sua comodidade, não fazendo o que o homem quer no momento melhor para ele.
2. Aquela que usa como pretexto o fato de estar cuidando da casa e dos filhos para se esquivar de trabalhar.
3. Sinônimo de "irresponsável".

# Fres.ca

1. Pessoa do gênero feminino que, sem nenhuma justificativa, decide não consumir mais carnes ou produtos derivados de animais em geral.
2. Mulher que não gosta de ficar em ambientes sem infraestrutura, como acampamentos, ou realizar atividades na natureza, por motivos supérfluos e que não lhe são exigidos, como estar sempre bonita, cheirosa e bem cuidada.
3. Diz-se igualmente de mulher que come pouco para não engordar, o que é uma leviandade, pois pessoas gordas são socialmente muito bem aceitas.

# Gor.da

1. Mulher que possui excesso de gordura no corpo por pura preguiça de praticar exercícios, estando fatidicamente condenada a desenvolver sérias doenças e a esmagar seu parceiro na cama.
2. Que tem propensão a não encontrar grande variedade de roupas para si por possuir tipo físico insólito, compartilhado apenas por mais da metade da população brasileira.
3. Incessante necessidade de dieta de mulheres com todo tipo de corpo, que sofrem de sugestionamento midiático.
4. Mulher bonita fora do padrão.

# In.com.ple.ta

1. Mulher com grave deficiência, que consiste na falta de importante parte do corpo, denominada *filho* ou *filha*.

2. Insatisfeita; que está sujeita a sofrimento constante por não ter realizado o sonho unívoco de todas as mulheres que habitam a Terra: ser mãe.

# In.de.pen.den.te de.mais

1. Que excede o nível de independência apropriado para uma pessoa do gênero feminino.
2. Aquela que cruelmente impede o homem de cumprir sua função natural, de custear a subsistência da mulher e/ou controlar seu dinheiro.
3. Mulher que descobre que pode ser feliz sozinha.

# In.te.li.gen.te

1. Qualidade que, ao ser percebida em pessoas do gênero feminino, provoca espanto e confusão mental em homens que se consideram inteligentes e pouco confusos.
2. Que possui inteligência; que tem discernimento, capacidade de entender, compreender, que mulheres são inteligentes.

# Lar.ga

1. Mulher que apresenta largura vaginal maior do que a considerada desejável por seu cônjuge; por extensão, característica que justifica traição e/ou separação por parte do cônjuge.
2. Mulher sexualmente solta, liberal; por extensão, característica que também justifica traição e/ou separação por parte do cônjuge.
3. Mulher livre; por extensão, característica que justifica a mulher ser como ela quiser e o cônjuge que se foda.

# Lou.ca

1. Mulher que defende visão política, valor moral, ético, argumento, opinião, perspectiva, ponto de vista, gosto, preferência, orientação, interesse, inclinação, tendência, predisposição, pendor, ou simpatia que divirja dos valores de sua própria família.
2. Estado de insanidade mental que acomete pessoas do gênero feminino, levando-as a manifestar sintomas graves, como ter opinião própria; também pode ser identificado pelo surgimento de comportamentos arriscados, como denunciar situações de machismo.
3. Ver: “feminista”.

# Ma.chor.ra

1. Alcunha dada a uma criança com a generosa intenção de ajudá-la a compreender sua própria sexualidade.
2. Mulher que, por não se relacionar com homens, é incapaz de procriar, dada a inexistência de outros métodos de reprodução entre seres humanos que não sejam exclusivamente a relação sexual entre um homem e uma mulher.

# Ma.du.ra

1. Aquela que, tendo supostamente atingido seu completo desenvolvimento, pode ser comida.
2. Adjetivo comumente usado por homens adultos em relação a meninas adolescentes, como argumento de que não há impeditivo em sua abissal diferença de idade para o início de uma relação amorosa e/ou sexual.
3. Menina condicionada a agir como mulher adulta, em reação à maneira como é vista.

# Ma.gri.ce.la

1. Excessivamente magra; que possui magreza demais, ou gordura de menos.
2. Aquela que não é gorda, o que seria considerado ruim, nem apenas magra, o que também poderia ser ruim a depender da perspectiva, mas também não é gostosa, o que, conforme o ponto de vista, seria igualmente ruim.

# Mei.ga

1. Mulher suspeita de enfeitiçar, com sua aparência, fala ou gestos delicados, certas pessoas à sua volta, deixando-as mentalmente incapacitadas de escutá-la e levá-la a sério.
2. Termo usado por homens que desejam elogiar a brandura e a docilidade de uma mulher no exato momento em que ela está com dificuldade de se posicionar ou defender, logicamente para ajudá-la a enxergar suas qualidades.
3. Ver: "fofa", "menina", "menininha", "novinha".

# No.jen.ta

1. Mulher que causa nojo, repugnância por estar em período menstrual, e com a qual não se deve ter relações sexuais.
2. Termo usado por homens que causam nojo, repugnância, e com os quais não se deve ter relações sexuais, pois não sabem o que fazer com uma mulher na cama.
3. Também usado por aqueles que sofrem de Síndrome Não-Menstrual (SNM), inveja reprodutiva que os leva a buscar compensação psicológica para aquilo que não conseguem fazer biologicamente.
4. Sinônimo de "relaxada".

# Re.la.xa.da

1. Diz-se de mulher que possui pelos nas pernas, axilas, ou púbis (sem contorno); também conhecida como: toda e qualquer mulher que nasce e não desenvolve *alopecia areata*, doença rara que impede o crescimento de pelos no corpo.
2. Mulher que opta por não colocar cera quente sobre a pele e arrancar grande volume de pelos pela raiz, devido ao desejo frívolo de não sentir dor; também se refere a mulheres que não passam lâminas na pele para o corte dos pelos nem fazem uso de outros métodos depilatórios, evitando foliculite, coceira e perda de tempo.
3. Aquela que adquire capacidade de sentir-se linda apesar da profusão de afirmações ao contrário.

# Sen.sí.vel de.mais

1. Mulher que se afeta ou se impressiona por coisas insignificantes, como que gritem com ela.
2. Emotiva, sentimental; que chora exageradamente por qualquer mínima violenciazinha.
3. Ver também: “vitimista”.

# Va.za.da

1. Mulher que repete o comportamento de homens considerados galanteadores e desejáveis.
2. Adolescente que nunca teve experiências sexuais, mas que incorpora por contiguidade a indecência das amigas que já tiveram.
3. Ver: “fácil”, “vagabunda”.

# Vi.ti.mis.ta

1. Aquela que gosta tanto de se fazer de vítima que chega a inventar ter sofrido coisas que nem existem, como "agressão psicológica".
2. Mulher que pede para sofrer violência doméstica porque não sai de casa nem se separa do marido, usando a desculpa esfarrapada de que ele a impede.
3. Cheia de mimimi; que não assume, nas coisas que lhe acontecem, sua parte de responsabilidade, como o fato de ser uma mulher.

**Mu.lher** é toda pessoa que se considera como tal, incluindo aí apenas os adjetivos que bem entender.

Enquanto existirem palavras que nos categorizam por princípios machistas, este dicionário pode e deve ser ampliado. Por isso, deixo o convite para que escreva seus próprios verbetes nas páginas a seguir, compartilhando-os comigo pelo e-mail marijeru@gmail.com ou pelo Instagram @marina.artetexto. Você também pode enviar relatos de experiências ligadas aos adjetivos que te marcaram.

# SUBSTÂNCIA

Bianca Ramoneda

Se fosse possível traçar um gráfico dos sentimentos e reflexões que marcaram a minha leitura do livro-projeto criado por Marina Jerusalinsky, ele retrataria um eletrocardiograma de um coração descompassado, oscilando entre aceleração e pausa. Ri, me comovi, desaguei raiva contida, me senti vingada pela ironia fina que denuncia com inteligência cortante o que nos corta diariamente e também alimentei a indignação que lateja na minha jugular ao reconhecer as tantas marcas que esses adjetivos deixaram em mim.

E, então, me pergunto: deixaram? É no passado que conjugo esse verbo, ou é no presente que ainda me sinto atingida pela bagagem que essas palavras me trazem? De maneira mais óbvia ou velada, elas estão aqui, tentando o tempo todo nos carimbar, entrando por nossos poros e ouvidos de forma mais ou menos sutil, grudando em nós a ponto de nos confundirem ou até definirem nossa percepção sobre nós mesmas. Porque elas podem sair também de nós para nós.

Essa é a percepção que me dói. E que me motiva a ler e reler esse primor de livrinho rosinha que chega macio em seu aspecto para disparar delicadamente suas flechas certeiras a cada página. Muitas me atingiram. São muitos os acertos nos caminhos e escolhas feitas por Marina na construção de sua linguagem. Um livro que parte da escuta, mas não fica apenas nela. É no salto de transformá-la em glossário com apurado rigor que a autora dá seu pulo da gata, valendo-se da necessidade urgente de revelar para desnaturalizar, reescrever para redefinir a partir do que funda o mundo e cada um de nós: o ato de nomear. Dicionários podem e devem ser reescritos.

A inteligência da autora em trazer a ironia às vezes do meio da frase em diante, fazendo com que nossa entrada no verbete se dê com naturalidade, puxou o meu tapete. Porque, tragicamente, questionei por alguns segundos se o que eu lia era bom ou ruim, se eu era ou não assim. Admito isso aqui com vergonha e tristeza por ainda reconhecer as sequelas do olhar machista dentro de mim, como uma secreção purulenta infecciosa grudada que obstrui minhas vias respiratórias.

Ler liberta. E o livro me trouxe uma nova lupa. É pela fresta da ironia fina, do sarcasmo mais ou menos sutil, do humor, que vamos rindo e nos descobrindo em quase todos os itens – o que também me impressionou. Em quase todas as páginas estou eu, muitas vezes fusionando o ambiente de trabalho, o espaço público e as relações pessoais, outro ponto importante de ser destacado aqui e que nos faz pensar sobre essas fronteiras na vida das mulheres.

Ser "um dicionário de experiências" é a melhor definição para esse livro, que tanto me mobilizou mesmo parecendo tão singelo. Penso em quantos outros verbetes podemos incluir, até mesmo de olhares. Um dicionário de olhares, é o meu desafio para Marina agora.

A função de um adjetivo é acompanhar um substantivo dando-lhe características ou apresentando algo que o particularize, segundo rasa pesquisa no google. E "substantivo" é a classe de palavras usadas para dar nomes aos seres. Pode também ser o que evidencia a substância, a essência. Que possamos escolher, nós mesmas, que adjetivos queremos ao lado do nosso ser, essencialmente único e livre, como são os substantivos.

# SOBRE A AUTORA

Marina Jerusalinsky nasceu em Porto Alegre, em 1990. É artista visual, escritora e pesquisadora, Mestre em Artes pela Universidade do Estado do Rio de Janeiro e doutoranda em Estética e História da Arte pela Universidade de São Paulo. Trabalha sobretudo com a palavra e projetos participativos, investigando situações cotidianas que expressam problemas sociais. Cria em múltiplas linguagens, como livros de artista, peças gráficas, ações urbanas e instalações. Participou da 22ª Bienal de Arte de Cerveira (Portugal), da 13ª Bienal de Arte Jovem de Santa Fé (Argentina) e de diversas exposições coletivas nacionais. Realizou sua primeira exposição individual pelo 3º Prêmio IEAVI, na Casa de Cultura Mário Quintana (Porto Alegre), em 2014. Atualmente sua produção e pesquisa têm foco nas opressões de gênero ligadas à performatividade da fala.

**Bebel Books** foi criada em 2012 pela editora, produtora e artista gráfica Bebel Abreu. Já lançou mais de 90 publicações sob o lema "Amor, Humor e Liberdade". São livros com foco na expressão gráfica e que ocupam os espaços de narrativa com conteúdo construtivo, provocativo e propositivo. Achando que o país estava muito careta, publicou "Suruba para colorir". Na esteira do aumento da violência, lança o "Pequeno Manual de Defesa Pessoal", HQ de Helô D'Angelo. Cansada de tanta história de masculinidade tóxica, lança a HQ "Boy Dodói", com histórias reais e ilustradas por onze artistas mulheres e não-bináries.

**Como adquirir este e outros títulos**

bebelbooks.com.br

Instagram @bebelbooks

Esta obra foi composta em Book Antiqua e Adobe Caslon Pro
sobre papel Pólen Bold 90 g/m².
Capa em papel Color Plus Metalizado Ibiza 250 g/m².
Impressão e encadernação por Ruth Acabamentos Gráficos.